늦가을, 모르는 사람

제44차 기획시선 공모당선 시집

늦가을, 모르는 사람

시산맥 기획시선 143

초판 1쇄 인쇄 | 2024년 12월 10일
초판 1쇄 발행 | 2024년 12월 16일

지은이 신승야
펴낸이 문정영
펴낸곳 시산맥사
편집주간 김필영
편집위원 신정민 최연수
등록번호 제300-2013-12호
등록일자 2009년 4월 15일
주소 03131 서울특별시 종로구 율곡로 6길 36. 월드오피스텔 1102호
전화 02-764-8722, 010-8894-8722
전자우편 poemmtss@naver.com
시산맥카페 http://cafe.daum.net/poemmtss

ISBN 979-11-6243-540-3 (03810) 종이책
ISBN 979-11-6243-541-0 (05810) 전자책

값 12,000원

* 이 책은 전부 또는 일부 내용을 재사용하려면 반드시 저작권자와 시산맥사의 동의를 받아야 합니다.
* 이 책은 교보문고와 연계하여 전자북으로 발간되었습니다.
* 본문 페이지에서 한 연이 첫 번째 행에서 시작될 때에는 〈 표기를 합니다.
* 저자의 의도에 따라 작품의 보조 동사와 합성 명사는 띄어쓰기가 달라질 수 있습니다.

늦가을, 모르는 사람

신승야 시집

| 시인의 말 |

문학과 함께한 시간을 돌아본다.

한 편의 시가 무엇을 할 수 있을까.

적어도 한 사람을
자유롭게 하고,
살아 있게 할 수 있다면….

이 가을, 누군가에게
시의 온기가 전해지기를….

2024년 11월, 신승야

■ 차례

1부

비늘 같은 대화	19
신비한 미술관에서	20
살아남은 자의 노래	22
봄밤의 약속	24
지하의 또 지하의 세계로	26
나무 사이 찢어진 달	28
잘 덮어지지 않는 날	30
방향 표지판이 없는 저녁	31
혜화동은 아직 겨울	32
오래된 편지	34
파랑의 환	36
가끔은 노래가 필요해	38
겨울밤, 산란한 해변	40

2부

채송화를 읽는 밤	45
창밖 어둠에 물었다	46
티라미수를 먹는 시간	48
어설픈 해후	50
햇살을 파는 곳은 어디에도 없고	52
스틸 라이프	54
반복해서 꾸는 꿈	56
레몬색 조명 아래 낭만적이지 않은 그녀	58
그해 가을 우리의 체감 온도	60
병마개의 행방은 알 수 없다	61
같이 읽어요	62
여름을 견디기 위하여	64
애써 쿨한 척한다	66

3부

잎맥	71
개망초의 속마음	72
너의 서른 살은 어디에	74
시가 되지 못한 시	76
폐업하고 싶어요	77
누구에겐 가혹한 삼월	78
착각에 대하여	80
용서할 수 있는 하루	82
제비나비도 경청하는 시간	84
늦가을, 모르는 사람	86
동화 같은 날	88
누구 탓도 아닌데	89
이 집을 떠나야 할 때	90

4부

무늬 없는 하루	95
블루베리처럼 검푸른	96
청량한 양식	98
초록에 대한 예의	100
눈 녹는 소리	102
뒷담화에 대하여	104
습작기	106
불량 학생 스케치	108
첫 독자	110
사라지는 여자들과 벨 소리	112
아비阿飛의 여운	114
민들레의 시간	116
호수에 흘려 쓰다	118

■ 해설 | 문정영(시인)　　　　　121

1부

비늘 같은 대화

누군가를 만나고 돌아오는 길

우리의 대화는 왜 알맹이 없는
빈 껍데기 같을까

난 물고기의 모세혈관이나 부레에 관해
이야기하고 싶은데,

당신은 늘 등지느러미와 꼬리지느러미에서
빙빙 맴돌고 있다

집에 돌아오는 길에는
내 외투 주머니에 공허한
생선 비늘만 가득하다

버리고 또 버려도
신기하게
비늘은 없어지지 않는다

신비한 미술관에서

빨간 머리 소년에게 이끌렸다
구멍 뚫린 분홍 잎사귀들이 말을 건네 온다
소년은 뚫어지게 한 곳을 응시한다
잎들이 소년을 감싸고 있다

젊다는 것은 풍랑을 타고도
어디로든 갈 수 있다는 용기다

어린 상어를 잡은 소년이
조각 배 위에서 장대비를 맞는다
피 흘리는 어린 상어는 유년기의 상처

코발트색 소년의 눈동자는
정착할 곳을 찾지 못한다

나는 잠시 소년이 잡은
싱싱한 문어 다리가 되고
양동이에 받는 빗물이 된다

비를 쫄딱 맞고 간신히 집에 도착했지만

아무도 없는 집에 홀로
울상짓던 초등생 아이가 된다

유난히 비 그림이 많은 미술관에서
나는 슬레이트 지붕 위에 쏟아지던
그날의 빗소리를 듣는다

* 헤르난 바스의 『모험, 나의 선택전』에서.

살아남은 자의 노래

너는 동해를 보고 싶다 했지
그때 난 조금 두려웠어
절벽 아래 아찔한 파도를
이미 내 안에 삼켜버렸기 때문이었지
내 안에 흰 포말이 출렁거릴 때마다
난 아파했지

동해에서 네가 속이 후련하다고
명랑한 얼굴로 말했을 때
나는 웃지 않았어

내가 삼켜버린 물의 파편들이
정동진에서 철썩거리며
바윗덩이를 하나하나 핥고 있었지

멍게의 속살처럼 물컹거리는
아직 아물지 않은 생채기가
바위틈에 날것으로 누워 있었어
난 현기증으로 난간을 붙잡았지
〈

절벽 아래
말갛게 비치는 해초들 속
감태 머리 풀어
둥둥 떠다니는 나를 보았지
오래전 잃어버렸던 나를

봄밤의 약속

세 시간 전부터 교보문고에 와 있었어
서점 속 전시 공간에서
너희 얼굴을 하나하나 떠올려 보았어

까마득히 먼 곳, 이십 대 청년들이
지하 서클룸에서 성큼성큼 걸어 나오네
장발이거나 조금 산만하거나
목소리가 쩌렁쩌렁 울리거나
눈빛이 깊고 과묵하거나

그런데 참 풋풋한 얼굴들이 부표처럼
내 기억의 바다에 떠 있고,
그 덕분에 나도 둥둥 떠다녔네

그때는 왜 내 목소리가 없었던 것 같지?
나의 바깥에서 나를 찾아다니고
보라색 민들레가 존재할 거라 믿고
노란 민들레를 하찮게 여기고

그래서 너희들을 만나면

나는 조금 더듬거릴지 몰라
서글픈 생각에 젖어 들지 몰라

모든 게 안개 속이던 시절, 우리
시대의 회오리바람을 건너기에 미숙했지만
노을빛 바람에 맞서 싸우기에 담대하지 못했지만

이 뭉클한 마음은 그 시절을 향한 안쓰러움일지 몰라

그래서 너희들을 만나면
반갑다 악수를 해도 내 마음 어떨지 몰라
민들레 솜털처럼 어디로 날아갈지 몰라

지하의 또 지하의 세계로

지하의 세계로 내려갔어요
거기, 인공 정원이 펼쳐졌어요

조명 아래 아레카 야자수가 눈에 들어옵니다
살아 있는 것인지 만져 봅니다
몬스테라도 있었군요

눈으로만 보면 알 수 없어요

우리는 지하의 또 지하의 세계로
내려가 식사를 했어요

이곳은 아직 쉴 만해요
멀리 갈 필요 없어요

주머니가 텅 빈 사람들도
책을 보러 들르곤 합니다
음료를 반드시 살 필요 없어요
눈치 보지 않고 쉴 수 있는
의자들이 기다리고 있어요

〈
지상에서의 수확과 낭패에 대해서는
잠시 눈을 감도록 합시다

새로 발견한 우리의 아지트에서
지상의 고단함을 내려놓아요

우리의 고유성을 침범하는 존재에 대해서
생수를 마시며 성토하는 이 시간을
그냥 즐겨요, 미안해하지 말고

나무 사이 찢어진 달

고인이 된 언니를 알고 있는 케이를
주일 미사 후 마주쳤다

우리는 잠시 사람들이 빠져나간
빈 성당 안에서 언니 이야기를 했다
언니가 떠난 후 사 년이 지났다

케이의 눈이 나를 바라보며
무엇을 탐색하는 것 같았다
나 혼자만의 느낌이었을까

케이와 내가 마주친 것은
우연일까, 섭리일까
케이는 지금 후회하고 있을까

언니와 케이는 나보다도 가까웠고
친자매 같은 사이였는데,
언제부턴가 틀어져 있었다

언니도 케이도 내게 이유를 말했지만,

시간이 지나면서 메아리처럼 사라져 버렸다
기억나는 건 허점이 있어도 나는
투병 중인 언니 편에 섰었다는 것이다

이제 와서 케이를 원망하지 않는다
우린 모두 최선을 다한 것이다

짧은 만남 후, 집에 돌아와
밤이 깊어지도록 구슬픈 곡조가 내 안에서 맴돈다

언니가 없는 세상에서
언니를 알던 사람을 만났다는 것
반갑고 따스한 일인데,

검은 하늘 나무 사이 찢어진 달이
나를 측은하게 바라본다

잘 덮어지지 않는 날

센터 아이들에게 그림책을 맛깔나게 읽어 준다

오늘은 내가 해녀가 되고,
내일은 내가 슈크림 빵이 된다

문득문득 내 아이의 어릴 때가 떠오르면
마음속이 회색 구름으로 가득 찬다

덮으면 덮을수록 더 짙은 구름이 밀려오고,
유령처럼 나타난 그림책 캐릭터들이
다가와 나를 위로한다

내일은 내가 집 나간 꿀벌이 되고
말하는 뼈다귀가 되고,
그림 속 장면은 바꾸고 싶은 현실이 되고,
마술 같은 이야기는 살아보고 싶은 미래가 되고

성인이 된 아이는 기억나지 않는다, 하고
그림책 읽어주지 않은 것이 무슨 상관이냐, 하지만

엄마인 나는 잘 덮어지지 않는 잿빛 기억으로
밤을 뒤척이는 날이 있다

방향 표지판이 없는 저녁

팔월이 며칠 내내 비에 젖는다
우산을 쓰고 비를 맞으며 걷는 저녁
길 위에 사람은 아무도 보이지 않는다
동네 주유소도 문을 닫았다
멀리 가로등에 걸린 불빛은 한쪽 눈을 잃어 흐릿하다
봄날 양귀비꽃 만발하던 들판은 민둥산처럼 깎이고,
키 작은 잡초들 사이 군데군데 어둠이 눈물처럼 고여 있다
지름 일 킬로미터의 소행성이 지구와 충돌할 수 있다는 뉴스에
생기 잃은 검회색 하늘이 두려움에 떨고,
여름비에 지쳐 날벌레도 실종된 거리
불 꺼진 꽃길 공원 입구, 들꽃을 노래한 시화 금속판 하나
밝은 날 눈길 한 번 받지 않아 풀 죽은 얼굴로
터진 살결 같은 시어들을 떨어뜨린다

혜화동은 아직 겨울

너를 만나러 갔어
간간이 연극 현수막이 바람에 펄럭이고,
병원 입구에 가래떡 구워 파는 상인이 보이고
파리한 얼굴로 너는 암 병동에서 내려오고 있었어

한 달 동안 남편 보호자로 입원실에 있었구나
얼마나 힘들었을까
그런 말 대신, 나는 너의 손을 꼭 잡았고
너도 말없이 내 손을 꼭 잡고 있었어

혜화동은 늘 겨울이야
이상하게 겨울에만 오게 되네
점심 먹을 때는 심각한 얘기는 묻지 말아야지

너는 먼 길 온 나를 위해 계란말이 반찬을
추가로 시켰지만, 다 먹을 수 없었어
유리 동물원이라는 찻집이 있던 곳에 들어가
따뜻한 오미자차를 마주하고

네가 울면 어떡하지, 같이 울어줄까, 생각했는데

넌 너무 덤덤하게 남편 이야기를 꺼냈고,
당황한 내 코트가 먼저 바닥에 떨어졌어

그런 일은 없을 거야
아직 오십 대 후반인데
형제에게 나누며 살았는데

그래도 원망의 마음이 오미자차 붉은빛 같기만 해서,
누구를 원망해야 할지 그 대상이 애매해서

회복될 거야, 힘주어 말하지 못하고 돌아오는 길이
마음에 결빙이 생긴 것처럼 먹먹하기만 한데

오래된 편지

서해에 갔었지
우린 십 대 후반이었고, 루이제 린저의 소설을 읽는 중이었어

소설 속 여주인공은 자기 정체성을 찾아가는 중이었지
그때는 그것이 왜 중요한지 몰랐어

나에게 친구 말고 다른 존재가 필요하지 않은데
나는 나로서 충분할 텐데

우린 우리의 심장처럼 뜨거운 해변에서 지치게 놀다
서로에게 박힌 아픔을 털어 주었지

이 마음으로 오래오래 가자
우리에게 애인 따윈 필요 없어

우리가 니나가 되는 거야
진정 자유로운 존재

우리에겐 우리 의지로 어쩔 수 없는,
한 시대가 지나도록 보지 못할 먹구름이 다가오고 있었는데

〈
지금 베란다 창 너머 멀리 비행기가
반짝반짝 빛을 내며 꿈처럼
내 가슴속을 훑고 지나간다

우체국도 기억 못 할 베를린 옛 주소를 붙들고 나는
삐거덕거리는 여고 교실 나무계단을 밟고 올라간다

등나무 꽃향기가 왁자지껄한 교실 창문을 밀고
담쟁이덩굴이 싱그러운 기억 속 교정에서
니나의 발소리를 숨죽이며 기다린다

* 니나 : 『생의 한가운데』 주인공/루이제 린저.

파랑의 환

우리는 아직도 이 길을 헤매고 있습니다
왔던 길을 또 돌고, 스치던 얼굴을 또 마주칩니다
당신은 인간관계 다이어트와 노인 분노 우울증에
대한 이야기로 끝이 없습니다

우리는 출구를 찾아 쪽빛갤러리에 들어갔습니다
문턱에서부터 파랑이 질펀합니다
당신은 아예 파랑 속으로 사라지고 싶어 합니다
아니면 전혀 다른 뾰족한 파랑이 되고 싶어 합니다

그건 점점 파랑에서 멀어지는 일이라고 나는 조언합니다

어릴 때부터 나는 당신을 보아 왔습니다
당신은 참새조차 무서워하고,
일주일에 세 번 새벽기도를 하러 교회에 가며,
지금 구십육 세의 아버지를 부양하고 있습니다

허용되는 것은 파랑의 숙명일 뿐입니다

이제 새로운 공간에 들어섭니다

당신이 감탄합니다
파랑이 물보라를 품고, 해무를 품고,
한 날의 괴로움과 검버섯의 어두움을 품었습니다

파랑의 자비가 우리를 정화합니다
우리는 파랑을 모색하고,
파랑을 닮고 싶습니다

파랑이 이끄는 대로 따라가 봅니다
가도 가도 끝이 없는 파랑, 파랑, 파랑

당신이 핼쑥해졌습니다
밖은 풍랑이 일고, 우리는 다시 표류합니다

가끔은 노래가 필요해

이 공간은 참 아늑하다는 생각이 든다
키 큰 풀들이 유리창 앞에서 흔들거린다
난 정원이 내다보이는 큰 창문 앞에 앉는다

때마침 내가 좋아하는 '두 이별'이라는 발라드가
볼륨 높이 시멘트 천장을 뚫고 나와 내 가슴을 훑는다

여기는 행리단길 골목의 어느 작은 퓨전 식당
주문한 음식이 나오려면 아직 멀었지만,
내 영혼이 뭔가 충만한 느낌이 드는 것은
문학 하는 친구와 함께 있기 때문일까
이 노래 때문일까

그러나 친구는 보이지 않는 길을 찾아가느라 애가 타고
그래도 포기할 수 없는 끌림 때문에

그때만 잘 견디면 돼
나 대신 노래가 친구에게 말한다

친구가 힘들다고 할 때

노래는 아이러니하다
이 찌질한 문학을 버려!

그렇게 한참을 소용돌이치는데

창문 너머로 보이는
이름 모를 풀들까지도
문학을 버리지 말라고 애원하고 있는 듯한 착각

당신, 추억이 많아서 문학과 이별할 수 없어
발 뺄 수 없이 깊이 빠져서 헤엄쳐 나오기엔
너무 늦었어, 라고 노래가 울부짖는다

겨울밤, 산란한 해변

이 시각 파도는 잠들지 못한다
모래 같은 기억이 삼 층 객실 안까지 밀려와
너를 산란하게 만들고 있다

어쩌면 그리워하는 건 너의 몫
거슬러 올라가면 갈수록
기억은 생채기도 감미롭게 재구성하는지 모른다

기록의 저장고가 물거품이 되기 전에
너는 무언가를 남겨야 하리

기다리던 소식은 오지 않았다
이제는 인정하고 떠나야 할 때

어둑한 해변엔 불꽃놀이를 하는 몇몇 사람들이 다가와
어제까지 희망으로 가득하던 밤바다의 우울함을 달래 준다

그녀에 관한 소문은 아무도 확인할 수 없었다

그녀가 이십 년 만에 인천 공항에 도착했고, 고향 친구들을

만났고
   네 연락처를 받았지만, 한 달 동안 망설이다 다시 돌아갔다
는 것도

   그동안 어떤 집채만 한 파도가 그녀의 가슴을 휩쓸고 지나
갔는지는
   겨울밤, 칠흑 같은 해변에 묻어버리기로 한다

2부

채송화를 읽는 밤

　채송화를 읽는다. 동시대를 같이 산 사람, 한 번도 만난 적 없지만 서로 연결되어 있다고 느끼는 사람, 세상을 바라보는 시각이, 고적한 마음의 결이 어딘지 비슷해 자꾸 읽게 되는 사람, 어느 외딴 기차역에서 한 번쯤 스쳐 지나갔을 것만 같은 사람, 약속도 없이 찾아가면 폭력이라고 생각하는 사람, 정착할 곳을 찾아 산과 바다를 헤매고 다닌 사람, 우상도 이념도 사라진, 세상의 오지에서 작가는 태어난다고 믿는 사람, 먹고 사는 일을 고민했던 사람, 그 시절을 멀리서 견디어 온 사람, 호박 식혜를 선물하고 싶은 사람, 책으로만 만날 수 있는 사람.

창밖 어둠에 물었다

동영상이 왔다
허름한 농가 흙바닥, 굵은 장대비 인정사정없다
놀라 달아나는 바람에 삐거덕 창고 문이 열리고

그 겨울 복집에 모인 사람들,
아이들 김밥을 말다 부엌 창문 앞에 서성이며
참지 못해 달려간 초저녁

예약된 텅 빈 방, 먼저 도착해 우두커니
왜 여기까지 달려왔는지 창밖 어둠에 물었던가

약속된 사람들이 모이고
소주와 복 껍질 초무침에 복 지리탕이 절정을 이루고
누군가 미나리를 좋아한다 했던가

와자지껄함 속 헛헛함이 술이 되고
미나리만 추앙한 지루한 대화 탓인가
한계 초과로 토해 버렸다

일 분 삼 초짜리 동영상엔 아직 비바람 불고

그 밤, 불쾌한 얼굴들이 술잔을 부딪치고
갓 출판된 붉은 책이 축하연 속에 돌려지는데,

알 수 없다
모든 걸 토해 버린 그날 이후
뿔뿔이 흩어진 사람들, 그 책, 미나리,
나의 외투들

티라미수를 먹는 시간

오늘처럼 햇빛이 슬퍼 보인 적 없어요

오랜만에 M과 차를 마시다 웃으며 잘됐네, 맞장구를 쳐 주는데
내 눈동자가 진심 웃고 있지 않다는 걸 느껴요

그동안 내 눈이 무엇을 본 걸까요

내 앞의 M은 출고될 새 차와 미래의 전원주택과 장식에 대해
이야기하지만, 나는 남편의 수술과 퇴원의 후일담을 이야기해요

아무리 설명해도 내가 겪은 것을 M이 공감할 수 없을 거라 생각하니
창가로 들어오는 햇빛조차 외롭게 느껴져요

나도 전에는 그랬을 거예요
침몰하는 당신의 심연을 읽지 못하고
〈

내 기쁨으로 들떠 당신이 느낄 괴리감을 헤아리지 못하고 헤어졌을 거예요
　그래서 지금 눈꺼풀이 감겨오도록 당신의 들뜸을 읽고 있습니다

　치즈 크림 위에 코코아 분말이 사라지기 전에
　그만해 달라고 말하고 싶어져요

　책장 깊숙이 두었던 보험 증권을 꺼내
　무너져 버린 일상을 재정비해야 하는 날이

　어쩌면 당신에게 불어닥칠 수도
　비껴갈 수도 있단 걸
　말해주고 싶어요

어설픈 해후

사진 한 장이라도 남길 걸 그랬다

팔십년대를 같이 살던 사람들
그들을 만나니 친근하면서도 낯설다
서먹하면서도 정겹다

그때를 생각하면 매캐하고, 혹독한 겨울이 떠오른다
너무나 오래전 등 푸른 청년이었던 그들

한때 그들의 어깨는 날렵하고, 가벼운 비석의 글씨 같았는데,
이젠 묵직하고 투박한 바위의 형상을 하고 있구나
대견하고, 아득해서 나는 말을 자꾸 삼켰다

그들 어깨에 매달려 파닥거리는 물고기들
물비린내를 풍기고 나타나 양복바지에 물기를
감추고 있었지만, 알 수 있었다

거센 물살을 거슬러 여기까지 올라왔다는 것을

그들은 적당히 취하고, 나는 말똥말똥하여 거리로 나왔을 때

사라진 시간의 저녁 속을 함께 걷는 기분이
쓸쓸하면서도 오묘하구나

오늘은 서로 내부의 풍경도, 그림자도 보여주지 못했다
우리는 다음에, 라는 겉치레도 하지 않고 헤어졌다

미세한 떨림을 안고, 나는 어항 속 수초 곁으로
돌아와 미끄러지듯 스르르 잠이 들었다

햇살을 파는 곳은 어디에도 없고

옷장 서랍을 열자 수년간 방치해 온
색 바랜 면 티셔츠들,
나무 곰팡내를 풍기며 널브러져 있다
한 짝씩 남은 발목 양말을 걸러낸다

당신과 나 사이 넘을 수 없는 간극도
세월의 더께 속에 좁히지 못한 채
유행 지난 까만 정장 한 벌처럼
컴컴한 옷장 한구석에 체념한 듯 걸려 있다

자르고 꿰매고 누비면 당신이 될 수 있을까
당신 얼굴에 빛나던 햇살 한 움큼만
훔쳐 오고 싶던, 그때의 나를 토닥거려 본다

수선하여 다시 입고 싶지만, 당신의 모조품에 불과할 뿐
인기 있는 옷가지를 늘리고 쟁여둔다 해도
햇살을 파는 곳은 어디에도 없고,
그렇다면 누군가는 죽고 다시 태어나야 한다

섣부르게 당신을 흉내 내며 장만했던 정장 한 벌

옷장 깊숙이 눅눅한, 내 기억 속 얼룩진 부끄러움
끄집어 내리며, 속되고 조악했던 나를 버린다

스틸 라이프*

그는 런던 케닝턴 구청 관리과 직원
오늘도 한 통의 전화를 받고 달려가지
고독사한 사람들의 유품을 단서 삼아
추도문을 작성하고 장례를 치러 주지

고양이와 살다 유명을 달리한 여인은
빨래건조대에 색색의 속옷과 스타킹을 널어 두었네
하룻밤 사이 여인에게 벌어진 일들을 속옷과 고양이만 알고 있다네

그는 고인의 유족들에게 연락하지
장례비용을 청구하지 않으니, 장례식에 와 달라고.
그러나 그들은 냉랭한 반응을 보이네

장례식은 누굴 위한 것인가
살아 있는 사람들은 아무도 관심이 없네

그의 매일 한 끼 식사는 푸른 사과와 식빵 한 조각,
참치 통조림에 검은 에스프레소를 마시네
〈

일면식도 없는 앨범 속 망자들 사진을 보며,
일인용 식탁에서 그들이 남기고 간 LP판 음악을 들으며
고인들과 대화를 나누네

그러나 어느 날, 그에게도 비운의 날이 찾아왔다네
그의 주검은 참담했지만, 그는 이제 외롭지 않네

그가 존중했던 수많은 망자들이 그의 장례식에 찾아왔다네

* 우베르토 파솔리니 감독의 2014년 영화 Still Life.

반복해서 꾸는 꿈

꿈에서 아직 대학을 다니고 있었다
나이가 많은데, 졸업을 못 하고 있었다
누군가를 찾아 헤매느라 눈이 공중을 떠다니고 있었다

학업은 지지부진했고, 내일은 불투명했다
라면밥을 즐겨 먹는 선배와 점심때면 같이 다녔다
좋아하는 사이는 아니었다
강의 시간표가 비슷했다

꿈에서 나와 스스로에게 말한다
아직도 누군가를 찾고 있다면
그건 인생을 허비하는 것이다

꿈에서는 닿지 못하는 편지를 쓰고 있었다
독일에 산다는 A와
비수 같은 말을 던져 상처를 준 B에게
나를 용서할 수 없는 이들에게
사과의 편지를 쓰고 있었다

더 이상 배울 것이 없어 캠퍼스를 그만 떠나야 한다

꿈속 내 자신에게 말한다

아무도 만나지 못하고
누구도 찾을 수 없는 꿈속에서

아직도 편지를 쓰고 있다면
그건 헛된 짓이다

아주 친근한 목소리가 들려왔다

레몬색 조명 아래 낭만적이지 않은 그녀

노랗게 가을을 입은 이 거리는 낭만적이지만
이 시각 이 보도 위를 걷고 있는 그녀는
낭만적이지 않다

바스락거리며 굴러다니는 낙엽들의 암호를 주워
눈을 반짝이며 해독하고, 남은 것은 코팅하여
애장품처럼 간직하던 그녀는 여기서 찾을 수 없다

노을마저 무거워 걷던 길을 멈추고
다시 걷곤 하는 그녀는
이 비현실적인 무대 위 엑스트라 같다

거리에 레몬색 조명이 켜지고
늦은 할인 구매를 마친 사람들이 차를 몰고 지나갈 때
그녀는 무게 때문에 내려놓은 식료품들을
머릿속에 그리며 안타까워할지 모른다

발에 밟히는 낙엽들이 서걱서걱 과자 소리를 낼 때도
그녀는 사은품이 막 소진됐다는
고객센터 직원 말이 떠올라

이렇게 멀리 온 것을 후회할지 모른다

이제 그녀와 상관없는 이 레몬 거리는
어지럽게 빙빙 돌고, 탐욕을 부린 것은 아닌지
삐죽 나온 샐러리 이파리를 내려다보며
그녀는 오지 않는 버스를 기다린다

그해 가을 우리의 체감 온도

그때 우리가 말없이 그곳으로 향한 것은
천년 넘은 은행나무 앞에 무모한 소원을 빌고,
돌탑 옆 수북한 단풍잎을 쓸쓸히 바라보고
더덕구이 정식은 비싸 산채비빔밥으로 점심을 때우고

남한강변 언덕 천주교 성지
황토색 바닥 돌이 피바람 되던 마당에서
우리의 허기진 욕심을 점검한 것은
빈곤하다고 체감하는 우리의 온도를 조절하고
더 내려가야만 살 수 있다는 진실을 발견한 것은

병마개의 행방은 알 수 없다

도시 한 귀퉁이 벚나무 길
녹색 벤치 그늘에
빈 갈색 병 하나 덩그러니
서늘한 바람을 맞고 있다

누가 퇴근 후 적적함을 홀로 다독이다 사라진 것일까

그 분위기가 어땠는지 몰라도
그 사람이 누구인지 몰라도
오늘만은 그 심정 알 것 같다

병마개의 행방을 포기한 갈색 병의 마음처럼

통화음은 울리지만 누구와도 연결되지 않는 이런 날

같이 읽어요

함박눈이 목화솜처럼 펑펑 쏟아지던 날
안면이 없던 4050 주부인 우리는
책을 매개로 만났어요

반갑습니다
오래전부터 이 모임을 꼭 하고 싶었어요
아이가 입학하고 무엇을 해야 할지 몰라 왔어요
사춘기 아이가 나를 힘들게 해서 신청했어요

잘 오셨어요
저는 아이들이 취업해서 독립하고,
대화 나눌 사람이 절실했어요

마음에 관련된 책을 읽고 싶네요
독서치료에 관한 책도요

그런 책 목록을 제가 갖고 있어요
전에도 혼자 읽으며 밑줄만 치고
나눌 사람이 없어 아쉬웠지요
〈

회비는 없어요
진지한 마음과 잘 들어줄 수 있는 인내심만 있다면
책을 매개로 우리 잘 만나봐요

내면 아이도 치유하고
갱년기도 극복하면서
미친 듯 미친 듯 빠져 봐요

여름을 견디기 위하여

제게도 힘든 여름이었어요
후회는 계속해서 밀려오고 밀려갔습니다

서해에 갔습니다
하필 비가 왔어요
펜션 베란다 창문에 갈색 개구리
두 마리가 달라붙어 있었어요

유리창에 착지한 동글한 빨판이
간절하게 보였어요
그들도 버티려고 애쓰나 봅니다

언젠가 우리에게 닥칠 운명처럼
밤은 스산하고 적막했어요

누군가에게 느닷없이 찾아오는 걸
몇 번 보았습니다

낮에 강화에서 본 칠면초의 붉은 슬픔과
닮았기도 했습니다

〈
아침에는 읍내에 나가 콩나물 해장국을 먹었어요
당신도 나도 떠내려가지 않기 위해
지금은 둥근 빨판에 온갖 힘을 모을 때입니다

애써 쿨한 척한다

아이들이 시큰둥하다
몸을 비비 튼다
책상 아래로 들어가는 녀석도 있다
정성 들여 만든 독후 활동지에 연필로 구멍을 뚫는 녀석도 있다

야단친 적 없는데 책상에 엎드려 우는 녀석은
어찌해야 하나
모른 척해 볼까

그래도 센터에 일주일에 한 번씩 오는데,
우리 다섯 달째 만나왔는데,
왜 그러느냐고 걱정해 주는데 대답도 안 한다

수업 시간에 늘 앞서가고 잘하지만
짜증 내고 말대답 잘하고
굳이 이걸 해야 하냐고
내 속을 뒤집어 놓는
저 얄미운 녀석
〈

내가 던진 어떤 말이 서운한 거냐
가정에서 학교에서 어떤 상처를 받은 거냐
울고 싶은 건 나인데

아니란다 아니란다

내 인내심의 최고도까지 올라간 다음에야
대답하는 녀석
선생님은, 왜 살아요

학생 인권 운운해서 머리에 알밤 하나 주고 싶은데,
참는다
애써 쿨한 척한다

3부

잎맥

오십 분 먼저 와 창을 마주 보고 앉았습니다
창문을 열어도 되겠냐고 물어봅니다
습기가 차서 갓 구운 빵들이 눅눅해진다고
주인이 미안한 얼굴을 합니다
도착했다고 연락하지 않습니다
작은 노트북을 펼쳐 블로그를 검색합니다
시인이 되었다고 생활이 사라지는 것은 아닙니다
더 정교하게 일상의 단면을 회 쳐야
한 편의 시가 나올까 말까 합니다
창밖 초록 이파리들이 비바람에 흔들립니다
마을버스들이 종점에 도착합니다
이제부터는 인맥이라는 블로그 댓글이 머리에서 맴돕니다
불모지로 던져진 느낌입니다
희소가치가 사라진 시인은 어떤 존재일까요
주인이 맛보라고 갖다준 크루아상 속살이
켜켜이 잎맥처럼 들어차 있습니다
속살을 뜯으며 나도 연결되고 싶다고 생각합니다
뜬금없이 나도 누구의 잎맥이 되고 싶다고 바라봅니다

개망초의 속마음

선바위역에서 대학 선배를 만났다
초록의 시절에 알던 사람을 만나는 일은
아주 귀한 일

간간이 서늘하고 날이 흐려서
우리는 뜨끈한 국밥을 먹었다
우리의 대화 키워드는
부모의 낙상과 요양원이었다

비싼 요양원은 살 만하다
그래도 적응하려면 석 달이 걸린다
원하지 않는 분은 어쩔 수 없다
돌봐 줄 분이 없는 분도 어쩔 수 없다

경제적 부담에 대해서는 말하지 않았다
우리는 그동안 만나지 못한 숲길의 흔적은 캐묻지 않았다
생채기 난 뺨도 격조 있게 모른 척 지나갔다

선배가 번역해서 출판된 책들을
나는 도서관에서 만났다

그녀는 내색하지 않았다

우리는 우리의 돈으로 살 수 없는 담벼락 높은
주택가를 거닐며 멋지다,를 남발했다
길가에 만나는 개망초 이름의 유래를 들먹이며

이 년 만에 만나 오늘은 만 보를 걸었다고
다음엔 대공원 길을 걷자고 기한 없는 약속을 했다

서로의 주거지에서 만나기 좋은 적당한 거리만큼
합리적인 마음의 거리를 공유한 채

너의 서른 살은 어디에

너의 서른 살은 불임센터 일 층 통유리창 옆
배란 검사 대기 중인 여인들 속에서 시작되지

여인들은 마치 닭장 속 암탉들 같지
너는 애써 졸지 않으려고 묵주 알을 돌리며
입안으로 중얼중얼 안간힘을 쓰고 있지

필름이 넘어가지

저녁 보습학원 중학교 일 학년 영어 독해 시간
시험지를 나눠주고 아이들이 문제를 푸느라 고요한 강의실
비정규직 학원 강사인 너는 잠시 창문 밖을 내다보지

무언가 쓰라리고 무언가 갑갑한
또 습관성 자연유산이 될까 두려운 마음

밤 열 시 지나 파김치가 되어 들어온 그는
집에 오면 무협 소설만 들여다보고,

같은 시간에 퇴근하는 너는

이대로 아이가 안 생기면 헤어져야 하나, 갈등했지

너는 아이가 안 생겨도 살아갈 수 있는데,
그는 아이 없이는 존재 의미를 찾지 못하는 사람이었어

그렇게 아까운 너의 서른 살은
홍신자의 '자유를 위한 변명'을 읽고
남을 의식하지 않을 용기를 얻었지

그러나 진정 그렇게 되기까지는
무수한 낮과 밤이
무수한 태풍과 해일 같은 날이
너를 덮치고 스러져야 했다네

시가 되지 못한 시

싹만 움트다 만 시

가슴 한쪽이 아련하게 아파 오는데
끄집어내지 못한 시

노트에 적어놓았는데 흐지부지 끝난 시

구도는 잡았는데,
세밀화로 그려내지 못한 시

너에게 도착하지 못한 시

그림자만 가득한 시

폐업하고 싶어요

 벽에서 이상한 소리가 들려요 숨죽이고 있으면 팔 등에 좁쌀 같은 것이 돋아나요 벅벅, 꾸르륵, 콕콕. 폭염이 심해지니 퀴퀴한 냄새도 넘어와요 부패하고 있나 봐요 벽과 창문 사이에 생물체가 꼈다가 굶어 죽은 걸까요 작고 까만 벌레가 나온다고, 일 인실 좌석에 앉은 신규 등록자들이 환불을 자꾸 요청해요 그런데 녀석들은 스물두 개의 창문 밖 에어컨 실외기 뒤에 자리 잡고, 제 새끼들의 사체 위에 계속 새끼를 쳐요 출근하면, 녀석들의 알들을 수거하다 반나절이 가지요 한 치의 망설임 없이, 갓 부화한 새끼들은 일 층 시멘트 바닥으로 투하시켜요 어느 날은, 일 인실을 청소하다 콘돔을 발견하고 어이가 없는데, 녀석들 관리에 소홀하다고 항의 전화가 와요 입실 전송하고 밤마다 차량 시간이 되어 들어오는 녀석들이 골이 아프게 구구구거려요 전자 담배를 피우다 휴게실에서 눈 마주친 녀석들이 훈계한다고, 제게 욕을 해대요 새벽 2시가 넘었는데 녀석들이 귀가하지 않았다고 전화가 빗발쳐요 짝짓기하는 비둘기들 사이로 별빛이 비집고 들어올 때, 비둘기 독서실은 떨어진 새끼들을 쓸어 담으며, 퇴근을 해요

누구에겐 가혹한 삼월

삼월의 따스하고 맑은 날
부음 문자를 받고 바로 집을 나섰다

병원으로 가는 시장 입구에는
푸릇푸릇 쑥 나물과 달래, 냉이들 즐비하고,
나들이용 등산용 바지와 티셔츠들이
한 사람의 주검과는 아무 상관 없는 분위기를 하고 있다

지병으로 고생하던 영정 속 고인은 오히려 편안해 보이고,
유가족들은 비통함에 젖어 흐느낀다

예배를 드리러 온 부목사 일행과 함께 유가족 옆에 앉았다
고인이 새벽에 토끼를 잡아 오라고,
토끼를 먹으면 살 수 있다고 말했다니
그 생각을 하면 할수록 예배 중에 나도 눈물이 흐른다

젊은 날에 알던 내겐 영원히 젊은 사람이여,
정말 그곳에선 토끼를 먹지 않아도
당신의 맥박이 뛸 수 있기를
성경에 나오는 라자로처럼 살아나기를

〈
누구에겐 재앙 같고,
누구에겐 봄나들이 같은
공평하지 못한 삼월이
유가족들의 슬픔과는 아랑곳없이 흘러간다

착각에 대하여

노래 경연을 보고 있으면
노래가 이렇게 가슴을 울리는데
시가 왜 필요하지

노래 가사가 시처럼 들리고,
거기에 멜로디까지 감성을 흔드는데
누가 시를 읽을까

죽을 듯이 목청 높여
매 라운드에서 간신히 살아남은 저 무명 가수가
나처럼 느껴질 때가 있다

독보적인 음색이란 평가를 받고도
삼 라운드에서 떨어진 저 가수가
마치 나처럼 안타까울 때가 있다

세 평짜리 녹음실에서
혼자 춤추고 오열하듯 노래한 내가
공감받지 못해 무대를 떠난다
〈

심사위원의 칭찬 한마디에
내가 울고 웃는다

최종 라운드까지 살아남았지만
순위에 뒤처져 있는
저 아마추어 가수에게
내가 뜨겁게 뜨겁게 박수를 보낸다

시로 태어나려는 감성들이
내 안에서 요동치다 주저앉는다

용서할 수 있는 하루

낯선 나라에서 아침을 먹는다
반숙 달걀은 식었고
소시지와 미트볼은 미지근하지만

유리창 너머로 보이는 높게 뻗은 나뭇가지
그 사이사이로 비치는 하늘,
지나간 언쟁과 불협화음은
송두리째 잊어버린다

지하철에서 출구를 못 찾아 헤매더라도
휘적휘적 걸을 때의 자유
반복되는 여섯 시 알람 소리도
동갑내기 직장 상사의 거들먹거림도
이렇게 불현듯 떠나올 수 있다면
나는 견딜 수 있으리

갑자기 쏟아진 겨울비에 찾아 들어간 크레페 전문점
일상적으로 마시던 블랙커피 한 잔도
일상에 시달렸던 염증을 날려 보낸다
〈

긴 다리를 건너 이름 모를 하천이 흐르고
오래 걸어 온 탓에 허기져 들어간 식당
파와 어묵 몇 개, 간장 양념에 버무린 면발
국물이 없다고 당신은 인상을 찌푸리지만

나는 그것도 용서할 수 있다고 달게 먹는다
기차에 두고 내린 여행 책자를 속상해하며
옆자리 노숙자의 고약한 냄새 때문이라고
당신은 오사카 관광 방송처럼 투덜거리지만

제비나비도 경청하는 시간

칠 년 만에 마주쳤는데도 그녀는 앉자마자
자기 날개를 활짝 펼쳤습니다

묻지 않았는데도 불편한 부부 문제를
체에 거르지 않고 쏟아냈습니다

전에도 어렴풋이 알고 있었지만
세월이 지나도 교차점을 찾지 못한
그녀의 답답한 속내를 아는지

제비나비 한 마리가 그녀 주위를 맴돌다
그녀 어깨 위에 살포시 내려앉습니다

사실 이런 본질적인 대화들이 그리웠습니다
행복을 위장한 날갯짓에 염증이 났습니다

저는 그냥 들어 주었습니다
긍정도 부정도 하지 않았습니다
듣는 것밖에 달리해 줄 것이 없었습니다
〈

그녀는 홀로 청평 자연 휴양림에 간다고 했습니다
헤어져 걸어가는 그녀의 뒷모습이
바늘잎처럼 갈기갈기 찢어져
허공 위로 흩날렸습니다

한 번도 들어보지 못한 그녀 반려자의 마음도
비슷하지 않을까 상상해보다 그만두었습니다

결혼은 어쩌면 서로를 견디는
긴 여행이라는 글귀가 떠올랐습니다

늦가을, 모르는 사람

비 맞은 낙엽들을 밟으며
메타세쿼이아 나무 아래
늦은 밤, 혼자 걷고 있는 나

어둠 속 어떤 여인이 보인다
검은 외투, 검은 안경테, 흰 마스크를 써서
얼굴 윤곽은 보이지 않지만
정자에 앉아 휴대폰 액정불빛에 의지해
무언가를 읽고 있다

시선을 책에서 돌리지 않은 채
여인은 그 자리에 꼼짝도 하지 않는다

습기가 슬픔처럼 배어 있는 밤
공기가 몰고 오는 기억들

연락되지 않는 사람들
연락되어도 만나려 하지 않는 사람들
끊어진 인연들을 밟으며
돌아보지 않는 연습을 한다

〈
어쩌면 그것은 나에겐 어려운 숙제

이 어둠 속 홀로 앉아 있는
저 여인이 누군지는 몰라도
나처럼 한때 편지를 쓰고 부치며
내면의 불씨를 활활 태웠을지 모른다

다시 궂은비 휘몰아쳐 주위 사람들 떠나도
여인은 낙엽 쌓인 우체통 곁에
두 귀 활짝 열고 떠날 줄을 모른다

동화 같은 날

장미 수국에 홀려 사진을 찍다가
염소 뿔에 받혀 넘어졌다
그때는 어디가 아픈 줄도 모르고
짙푸른 건 산수국이니, 핑크는 풍차 수국이니
꽃집 사장처럼 아는 척하다가
그에게 난생처음으로 시장표 여름 바지를 사 주며
땅두릅을 만 원에 샀다고 좋아하며
집에 왔는데, 열 개 만 원짜리 오렌지가 보이지 않는다
과일 집에 아무리 전화해도 받지 않고
왜 하필 염소가 꽃집 앞에 나타났을까를 더듬어보다가
현란한 수국 색깔에 취해 사진을 찍다,
오렌지 까만 봉지를 잠시 바닥에 내려놓았던 기억이 난다
헉헉대며 도착한 기묘한 트럭 꽃집 앞,
오렌지를 홀라당 먹고 사라진 염소는 온데간데없고
아까는 머리카락 하나 보이지 않던 꽃집 사장이 나타나
잘 생각해 보세요
시장에 흑염소 건강원은 있어도
뿔 달린 염소가 돌아다니진 않는다구요, 라고 짜증을 낸다
누구 탓을 하랴
이런 날이 처음은 아니지 않는가
만 원에 홀린 동화 같은 날일 뿐

누구 탓도 아닌데

한없이 가라앉는 날이 있다

저녁때가 다 되어 가는데
늦장을 부리고 싶은 그런 날이 있다

그의 이른 퇴근이 반갑지 않은 날이다

난 종종 얼마나 이기적인가

전쟁터 같은 세상에서 흙먼지를 마시며
나 대신 맹렬히 싸워 돌아온 사람이다

프라이팬 위에 삼치 두 토막을 올려놓는다
아침에 먹었던 김치찌개를 데운다

그가 양말을 벗어 빨래통에 던지며 묻는다

요즘은 시 안 써?

내 기분을 눈치챈 걸까
갑자기 미안한 마음이 든다

이 집을 떠나야 할 때

화분 흙이 파헤쳐져 있었다
잘게 부수어 파묻은 계란껍질도
타일 바닥에 마구 흩어져 있었다

주위를 둘러보았다
가지치기하지 않은
녹보수 나무가 축 늘어져 있었다

계절을 인지하지 못한 노란 장미가
자꾸 꽃을 피우고
탁자 위에 깎다 만 단감 한 개는 말라가고
똑똑 물 떨어지는 소리, 귀에 거슬렸다

꼭대기 층은 추워서, 라는 말을 흘리며
매입자가 될지도 모르는 누군가
부엌 수도꼭지를 꼭 잠그지 않고 나가 버렸다

부동산 중개인이 집을 보여준다며 집 안 곳곳
모든 전등을 환하게 켜 놓고 가 버렸다
〈

새벽 세 시, 거실에서 달그락거리는 소리가 들렸다
꼬리가 긴 회색 물체가 쏜살같이 오븐 아래로 도망쳤다

어떻게 15층까지 올라왔을까
십 년 쓰던 오븐을 들어내고 싱크대 벽 아래 구멍 난 곳을 찾았다
밖으로 나오는 회로를 봉쇄했다

아침이 되자 사각사각 벽 긁는 소리가 들렸다
소리가 사라진 며칠 후 생쥐의 사체를 꺼냈다
집이 팔리지 않을까 봐 이웃에게 알리지 말자고
가족끼리 약속했다

4부

무늬 없는 하루

내가 가입한 온라인 카페 종류
내가 관심 있게 읽은 사회 뉴스
내가 손 뜨겁게 찾아본 콘텐츠
내가 구독한 키워드
내가 즐겨 찾는 블로그

끝없이 많은 사람을 만났지만
어떤 사람과도 눈을 마주치지 못했다

그들의 이야기는 쉴 새 없이 들어주었지만
정작 나의 이야기는 하나도 하지 못했다

그래서 일기를 쓴다
도스토옙스키의 책을 살 때
사은품으로 받은 노트에
나의 속마음을 적는다

자의식이 강한 라스콜니코프가
나의 목소리에 귀를 기울인다

무늬 없는 하루를 접는다

블루베리처럼 검푸른

아침 시간에 그녀와 동네 산책길을 걸었다
햇빛이 따가 와 오래 걷다 보니 목이 좀 말랐다

이런 곳에 절이 있었군요, 그녀가 종종
전원 주택가를 지나가는데 몰랐다고 했다

삼 층에 차 마시는 곳이 있는데, 무인이고
가격은 형편 되는 대로 지불하면 돼요,
내가 안내했다

천 원을 내고 우리는 믹스 커피 두 잔을 마셨다
아무도 없었고 독경 소리 하나 들리지 않았다

여동생이 오십 대 초반인데, 미리 유서를
써 놓겠다고 해요, 요즘 돌연사도 많고 하니까
독신이거든요

나는 괜찮은 생각 같다고 말했다
그녀를 만나면 죽음 관련된 얘기를 하게 된다
난치병을 앓고 있는 그녀에겐 절실한 문제다

〈
하지만, 오늘은 다른 얘기를 하고 싶다
최근 삼 년 사이에 내 주변의 지인들이
너무 이른 나이에 세상을 떠났다

무슨 얘기로 화제를 돌릴까 머리를 굴리는데,
그녀가 천 가방 안에서 백 그램짜리 치약을 꺼냈다

새마을 금고에서 사은품 받았어요
의사가 면역력 높이려면 매일 팔천 보는 걸으라고 해서요
함께 걸어 주어 고마워요

블루베리처럼 검푸른 그녀의 큰 눈이 반짝였다
더 이상 이별 앓이를 하고 싶지 않다고, 나는
부처님이든 하느님이든 매달리고 싶어졌다

청량한 양식

여의도에서 내려 옛날 사람을 만나러 갑니다
인천 개척교회 지하 소강당,
성경 공부를 하는 젊은이들 속에
그녀와 내가 웃고 있습니다

지하 꽃집 앞에 만난 옛날 사람이
나를 프리미엄 백화점으로 인도합니다
그녀가 예약한 일식당에서
입이 호사를 누립니다

몇 년간 만나지 못한 드라마틱한 사건들이
우리의 영적 양식이 됩니다
청량한 공기가 우리의 테이블을 에워쌉니다

나의 옛날 사람이여
커피를 마시기 위해
당신이 나를 VIP실로 데려가도
순둥순둥 나는 그저 대접받는 기분입니다

오늘만은 시적인 메스를 내팽개치겠습니다

〈
우뭇가사리 한 접시를 놓고 허기를 느끼지 못하던 그때여,
핑크색 재킷으로 당신이 뭉개진 갈망과 흥건한 어둠을 가리려 해도
나는 다 볼 수 있어요

내가 가진 건 내면을 투시하는 능력밖에 없어요

세월의 주름이 깊어지고
시력이 가물거려도
우리는 청량한 식탁에서 또 만날 겁니다

초록에 대한 예의

바람 부는 오월의 왕송 호수
붓꽃의 잎들이 우르르 밀려갔다 다시
제자리로 돌아온다

휘청거리는 나도 중심을 잡고 다시 걷는다
중심을 잡는다는 것은 무엇인가

오래전의 지인과 길고 긴 안부 전화를 한 후,
송두리째 신상이 털린 것 같은 이 산란한 기분

나는 무엇을 말하지 않았어야 했나
아니면 나도 시시콜콜 현미와 보리, 수수와 율무에 대해서 물었어야 했나

거짓과 과장도 양념으로 넣었어야 했나
보리와 흑미밖에 없는 내 살림을 그대로 보여줄 필요가 있었나

모르겠다 모르겠다
솔직하다는 것이 한때 나의 자긍이었지만

이제는 오히려 빈 수레처럼 소리만 요란할 뿐 보잘것없다

그것은 오히려 초록에 대해
무례함에 가깝다는 것

호수를 둘러싼 여린 나무 사이를 거닐며
나는 자꾸 비틀거린다

눈 녹는 소리

어느 책에서 한번 결정한 것은 뒤돌아보지 말고
즉각 실천에 옮기라는 문구를 읽었다

일 년 넘게 유지해 온 독서 모임 마지막 날,
겨울비가 내렸다

버스를 타고 창가 자리에 앉는다
마음도 춥고 몸도 춥다
비까지 내리니 더 어수선하다
그래서 버스에 우산을 두고 내렸다

그날의 책을 읽고, 두 명의 회원과 이야기를 나눈다
여덟 명의 회원들이 팔 개월이 지나면서 썰물처럼 **빠져나**
갔다
당분간은 참석이 어렵다는 회원까지 세 명이 남았다

일 년간 그래도 우리가 읽은 심리 서적들이
우리의 마음 근육을 단단하게 키워 주었으면 된 거다
우리는 내면 아이의 주홍 글씨 같은 기억을 쏟아내었고,
묵묵히 들어주면서 서로 치유되었다

〈
리더로서의 내 마지막 인사는 간략했다

다음 날 아침, 밤새 흰 눈이 내려
어제의 허전했던 마음 자락이 설산의 풍경에 푹 빠져 버렸다

두고 내린 우산을 안타까워하지 말자
만남과 헤어짐의 문턱을 나뭇가지에 눈 녹는 소리처럼
들릴 듯 말 듯 넘어 보자

뒷담화에 대하여

당신과 헤어지고 눈발이 거세졌다
저항할 수 없는 눈발, 털모자를 눌러쓰고
눈발이 쏟아지는 풍경에 파묻혀 한참을 걸었다
앞사람도 가로수도 점점 희뿌옇게 흐려졌다

수군대고 비판하는 목소리들이 들려왔다
목소리들은 더 잔인한 눈발을 몰고 왔다
내 어깨에 수북이 쌓인 냉소와 독설들,
털어내면 털어낼수록 끈질기게 내려앉는 눈송이들

내 귀가 먹먹한 것은 핏발선 목소리 때문일까
눈발의 실체를 알고 난 후의 먹먹함일까

누군가의 어깨가 숨죽여 울고 있다면 그건 지붕과 굴뚝의 문제일까

그러나 당신과 나눈 말들은 그 누구의 멍든 마음도 위로하지 못하고,
무관심으로 흩어지고, 더러는 방관으로 빙판길에 갇혀 버렸다

〈
집으로 가는 전철을 기다리며 발을 동동 굴렸다

컴컴한 터널을 뚫고, 고단한 생업을 마친 사람들을 싣고,
내일, 우리를 객사시킬지도 모르는 눈발이
속력을 다해 나의 살점 속으로 파고들어 왔다

습작기

어느덧 새벽이다
알람을 시멘트벽에 묻고 눈을 닦는다

오븐 속에 기억의 알집들이 튀는 소리,
프라이팬에 사물들을 볶아 감성의 소스로 볶음 시를 만든다

압력밥솥 안에 관념의 쌀이
오렌지색 공상에 덮여 있고,
현실 냄비 안에 노란 콩나물이 냉소를 내뱉는다

나는 드럼 세탁기 안에 젖은 활자들을
밀어 넣고, 스팀 클리닉을 누른다

개수대에 버린 퉁퉁 불은 통찰을 꿀꺽 삼키며,
내부로 난 유리창을 깨뜨린다

마침내 재만 남은 활자들이 세탁조 밖으로
쏟아진다

살균 버튼을 누르고, 이미지들을 삶는다

〈
명태에게 진술을 요구하고, 북어에게 아이러니를
건조대에 널자고 권유한다

비유는 생략하고, 발을 씻어도
조급한 아침은 아직 안개 속에서 헛발질만 할 뿐

불량 학생 스케치

조명이 꺼진 일 층 로비, 트로트 노래가 요란하다
소강당에 다섯 명의 은빛 독서 활동가를 앉혀 놓고
그림책 전문가가 유튜브 영상, 흑백 어른동화를 보여준다

왜 하필 이렇게 침울한 인생 동화인가
주검을 맞이할 우리들의 자세인가
차라리 패러디 동화를 보며 웃고 싶은데

물을 마시기 위해 로비 정수기로 다가가면
휴관일에 근무 중인 기계실 직원이 틀어놓은
뽕짝 노래가 거슬리는데

새끼손톱만 한 바퀴벌레 한 마리가
내 발밑에서 허둥지둥 갈피를 못 잡는다

교육 시간 후반, 선생이 인생 그래프를 그려보라고
프린트물을 나누어 준다
종이 한 장에 겹겹의 인생이
그래프로 납작하게 눌러질 수 있다는 건가
〈

순탄했네요
굴곡이 심했네요

선생의 코멘트가 불편한 나는
선생님, 개구리 왕자 그 뒷이야기, 같은
패러디 동화를 읽으며 유쾌해지고 싶네요, 라고
말하고 싶어진다

교육이 길어지면 길어질수록 나는
그림책의 꼬마 여우처럼 배가 쌀쌀 아파 온다

첫 독자

나의 독자라는 사람을 만났다
나를 보며, 시인님, 시인님 하면서 웃고 있었다

찬찬히 물어보니 같은 봉사 단체 회원이었다
내 카톡 프로필, 등단 사진을 보고
인터넷 검색을 해 보았다고 했다

블로그 여기저기에 실린
보잘것없는 내 시들을 읽어보았다니

시집은 언제 나오냐고 묻는다

신기하기만 해서 나는
시를 쓸 때 필요한 한 방울의 우울감을
잊어버리고 있다

시는 슬픔을 노래하는 건데
일상의 균열과 너와 나의 낯섦을
포착하고, 기다리는 노력인데
〈

이렇게 기뻐해도 되나
이렇게 가볍게 웃고 있어도 되나

사라지는 여자들과 벨 소리

벨이 울린다
잠깐만요,
뛰어가는 여자를 붙잡아야 한다

박스에는 꽃무늬 포대기에 싸여 잠든 아기
편지와 함께 우리에게 온 아기
어떤 생명나무가 우리에게 왔을까

여자는 어디로 숨었는지 보이지 않아,
봉사자님 자다 깨어, 우는 아기 분유 물려주며
미성년 산모의 손 편지를 열어 본다

사과꽃 같은 아기, 살리려 보냅니다
척박한 제 모래땅에는 마실 물도 기름진 흙도
풀 이파리 하나 자랄 여유가 없습니다

제발 원장님 선처로 사랑받을 가정에
입양 보내주세요

하지만, 산모님

출생신고를 하지 않으면 입양될 수 없어요
저랑 얘기 좀 해요, 도망가지 마세요

딩동딩동
베이비 박스는 쉴 틈이 없다
짐짝처럼 던져지는 생명들이
목청 높여 울부짖고,

운 좋게 입양 갔다가
학대에 숨이 멎은 아이의 영혼이
세상의 잔혹함 속에 대기를 떠돌고 있다

아비阿飛의 여운

밖으로 나가야겠다
좀 전에 비가 그쳤고, 나는 오래전 보았던
〈아비정전〉 영화를 다시 보았다

아비의 여운은 나를 집에 가만두지 않는다

어리석었던 청춘의 기억
잡을 수 없는 마음을 붙잡고 있던 사람들

이 모두가 원초적 결핍의 징후라고
폭우는 그들의 감정을 극대화하지만,

되돌릴 수 없는 운명의 바퀴는
나도 모르는 사이에 굴러가 버린다

누군가를 기다리던 공중전화
전화벨이 울리지만 닿지 않는 사람들

하지만, 만나게 되어 있는 사람은
시공간을 초월해 부딪히게 된다

〈
난 아직 땅에 닿을 수 없다

고인이 된 아비를 향해 나도 모르게
낮게 낮게 흐느낀다

편집할 수 없는 청춘의 영상들을 돌리면서

* 발 없는 새가 땅에 닿는 날은 그 새가 죽는 날이다.
-영화 아비정전에서.

민들레의 시간

처음 지역아동센터 수업하러 가던 날
벌레에 등을 여러 군데 물리고 쥐벼룩 같다고
센터장에게 전화를 걸어 상황을 설명했지

센터장은 다른 곳에서 물린 것은 아니냐고
그 공부방에서 수업하는 선생님들 중에
쥐벼룩에게 물렸다고 얘기한 분은 없었다고
믿지 않는 분위기였어

나는 고민 끝에 벌레 퇴치 스프레이를
옷에 뿌리고 다녔지, 그렇게 유난을 떨었지만
어느덧 3년째 아이들은 해마다 바뀌고
바뀌는 아이들은 더 어려지고, 순진해지고
센터는 석면 철거 작업을 하면서 벽지를 바꾸고
오래된 가구를 버리고, 공부방을 꾸미기 시작했지

그러는 사이 나는 새로 생긴 돌봄센터로 배정됐지
시설이 너무 깨끗해서, 책상과 의자가 있어서
내 집도 아니지만 마냥 좋아했지
〈

그래, 밟아도 잘 살아나는 민들레처럼 잘 견뎌 왔어
내가 이 나이에 왜 벌레에 떨어야 하지
이런 악동 같은 생각도 있었지만
아이들이 힘들게 할 때도 있었지만

이젠 다방 커피를 건네주는 동료가 생겨서
오늘 수업할 글밥 많은 책을 미리 읽어왔다는 학생이 있어서
그동안 버텨 온 홀씨들이 하나, 둘 꽃대를 올릴 시간
내가 나에게 편지를 쓰는 민들레의 시간

호수에 흘려 쓰다

미안합니다
나보다 먼저 봄과 작별한 당신에게
이제야 안부를 전합니다
봄비가 내리고, 고요히 산수유가 피고
광대나물이 자줏빛 꽃을 피우고
밖은 간간이 색을 입고 있습니다만
아직 나는 색깔 옷을 입지 못했습니다
칙칙한 골방에 숨어 있지 말라고
어디선가 익숙한 목소리가 들려옵니다
목소리에 이끌려 오늘은 호수로
가는 버스를 탔습니다
오십 분가량 지나는데, 매캐한 기억이 피어납니다
미안합니다
마지막으로 당신과 먹은 짬뽕은 너무 짰습니다
어떤 날 먹은 카레라이스는 쓴맛이 강해
수저를 일찍 놓고 말았습니다
맛없고 싼 커피만 마셨고, 푼돈을 아낀다고
달달한 디저트도 없었습니다
경의 중앙선을 타고 용문에 가 보자던 약속도
지키지 못했습니다

미안합니다
생각지도 않은 곳에서
당신과 비슷한 사람을 마주칩니다
담담하게 당신의 부재를 삼키려 해도
길에서 우연히 마주치는 유령들은
어찌해야 합니까
나의 고해성사는
오랫동안 끝날 것 같지 않습니다
내일은 경의 중앙선을 타고
용문까지 가보겠습니다
느닷없는 당신도 함께 가세요

■□ 해설

인간관계에서 자아의 정체성 찾기

문정영(시인)

　신승야 시인의 『늦가을, 모르는 사람』은 제목에서 시의 내용을 시사하는 바가 크다. 시인은 사람에 대한 탐구, 인간관계에 대한 사유가 깊다. 그리하여 봄여름 가을을 거치고 늦가을이 되어도 '모르는 사람'은 모르는 사람이라는 것을 알게 된다. 인간관계는 너무 가깝지도 멀지도 않게 적당한 거리를 두라고 한다. 그러나 시인은 마음이 여리다. 너무 가까이 가서 상처받기도 하고, 지나간 기억들로 씁쓸하기도 하다. 시인이 그걸 깨닫기까지는 한참 걸렸을 것이다. 그러고 어떤 계기가 있었을 것이다. 이 시집은 그래서 시인의 한 편의 내면 여행, 인간관계에서 자아의 정체성을 찾아가는 표지판이라 생각된다. 시인이 체험한 그 길을 따라가 보자. 그래서 어디서 어디까지 가야 멈추고 다시 시작할 것인지 그 길을 함께 가 보자.

　시적 대상 중의 하나인 사람에 대해 유독 깊이 있게 관찰한 여러 작품을 통해 독자는 자신의 인간관계를 들여다볼 수 있을 것이다. 인간이란 어쩔 수 없이 타인과의 관계를 통해 자신을 인식하는 사회적 동물이다. 주변에 마음을 알아주는 사람이 없다면 사막 위를 홀로 걸어가는 것처럼 외롭고 고독하기 그지없을 것이다. 그러나 너무 복잡한 인간관계 또한 나를 허전하게 한다. 시인이 특히 늘 관계하고 있는 주변 사람들을 시적 대상으로 한 작품들을 눈여겨보면 희망과 실망이 공존하고 있음을 느낄 수 있다. 사는 일이 어쩔 수 없는 관계성의 한계에 갇혀 있는 것이라면 우리가 어떻게 그 인연을 풀어야 할지도 이 시집을 통해 배울 수 있을 것이다.

　　누군가를 만나고 돌아오는 길

　　우리의 대화는 왜 알맹이 없는
　　빈 껍데기 같을까
　　〈

난 물고기의 모세혈관이나 부레에 관해

이야기하고 싶은데,

당신은 늘 등지느러미와 꼬리지느러미에서

빙빙 맴돌고 있다

집에 돌아오는 길에는

내 외투 주머니에 공허한

생선 비늘만 가득하다

버리고 또 버려도

신기하게

비늘은 없어지지 않는다

　　　　　　　　－「비늘 같은 대화」 전문

　관계의 시작은 타자와의 대화이다. 시인의 첫 번째 장에 수록된 시를 읽어보면 시인의 관심사나 발화하고자 하는 시적 지향점이 보인다. 형식적인 대화로 난무한 현실, 속 깊은 대화의 단절을 절절하게 그려 놓았다. 사람들의 겉모습만 만나고 올 때, 내면과의 교감이 이루어지지 않아 공허감만 쌓이기도 한다. "우리의 대화는 왜 알맹이 없는/ 빈 껍데기 같을까"라는 문장에서 시인의 그런 마음이 잘 드러난다. 획일적이고 피상적인 대화들로 가득한 그런 대화들을 하고 돌아온 날이면 속이 텅 빈 것 같은 마음이 들었나 보다. 그것을 시인은 빈 껍데기 같다고 표현하였다.

현대인의 마음 열기에 인색한 현상에 대한 자의식이 시의 주류를 이루고 있다. 시인은 열려있는 관계에 대한 깊은 기대와 실망을 한꺼번에 드러내고 있다. 시인의 관계망에 대한 사유는 비단 사람뿐 아니라 자연 속에서도 종종 찾아볼 수 있다. 「신비한 미술관에서」에서도 보이듯 시인은 "구멍 뚫린 분홍 잎사귀들이 말을 건네 온다"라는 표현한다. 분홍 잎사귀들의 대화란 어떤 대화일까. 아늑하고 달콤한 대화가 그리운 것일까.
「살아남은 자의 노래」에서도 이런 발견을 하게 되는데 "절벽 아래/ 말갛게 비치는 해초들 속/ 감태 머리 풀어/ 둥둥 떠다니는 나를 보았"다고 시인은 회고한다. 화자의 심연 속 내면을 해초에서 발견한 점은 매우 고무적이라고 할 수 있다. 내면의 자아가 바닷속 깊은 곳에서까지 연결되고 싶은 시인의 마음을 엿볼 수 있다.

지하의 세계로 내려갔어요

거기, 인공 정원이 펼쳐졌어요

조명 아래 아레카 야자수가 눈에 들어옵니다

살아 있는 것인지 만져 봅니다

몬스테라도 있었군요

눈으로만 보면 알 수 없어요

-중략-

지상에서의 수확과 낭패에 대해서는

잠시 눈을 감도록 합시다

새로 발견한 우리의 아지트에서

지상의 고단함을 내려놓아요

우리의 고유성을 침범하는 존재에 대해서

생수를 마시며 성토하는 이 시간을

그냥 즐겨요, 미안해하지 말고

– 「지하의 또 지하의 세계로」 부분

　신승야 시인의 세계는 종종 지하로 내려가곤 한다. 「지하의 또 지하의 세계로」를 읽어보면 시인이 상상력이 한껏 뿌리를 내리는 것을 볼 수 있다. 지하에서의 식사에는 어떤 관계망들이 자리하고 있을까. 이곳에서는 "주머니가 텅 빈 사람들도/ 책을 보러 들르곤" 한다. 그 이유는 "눈치 보지 않고 쉴 수 있는/ 의자들이 기다리고" 있기 때문이다. 이토록 시인의 따뜻한 시선은 사람들이 아늑한 지하 공간에서 마음껏 먹고 마실 수 있는, 이상향의 아지트를 만든다. 아늑하고 편안한 공간에서 시인은 그냥 즐기라고 한다. 미안해하지 말고 아무런 근심 없이 말이다. 시인의 따뜻한 내면이 '지하'라는 한 공간을 만들어, 그곳에서 사람들이 마음껏 편안하게 쉬게 하고 있다.

　시인은 가끔 길을 잃기도 한다. 길은 시인의 삶이기도 하고 시적 세계관이기도 하다. 「방향 표지판이 없는 저녁」을 읽어보면 시인이 얼마나 내적으로 갈등하고 방황해왔는가를 알 수 있다. "우산을 쓰고 비를 맞으며 걷는 저녁/ 길 위에 사람은 아무도 보이지 않는다"라는 문장에서 길 잃은 모습은 극대화된다. 사람들이 주변에 있지만 시인이 속을 들여다볼 수 있는 사람은 아무도 보이지 않는다. 얼마나 깜깜하고 막막하고 절박한 마음일지 「방향 표지판이 없는 저녁」이라는 제목에 고스란히 녹아 있다. 하지만 이런 시간 없이 어떻게 하나의 세계를 완성해 낼 수 있겠는가. 깊이 잃어야 더 새로운 세계를 만나게 된다. 그리하여 터진 살결 같은 누군가의 가슴에 생채기를 내는 시어들을 발견할 수 있게 된다.

    오늘처럼 햇빛이 슬퍼 보인 적 없어요

    오랜만에 M과 차를 마시다 웃으며 잘됐네, 맞장구를 쳐
주는데
    내 눈동자가 진심 웃고 있지 않다는 걸 느껴요

    그동안 내 눈이 무엇을 본 걸까요

    내 앞의 M은 출고될 새 차와 미래의 전원주택과 장식에
대해
    이야기하지만, 나는 남편의 수술과 퇴원의 후일담을 이야
기해요

아무리 설명해도 내가 겪은 것을 M이 공감할 수 없을 거
라 생각하니
창가로 들어오는 햇빛조차 외롭게 느껴져요

나도 전에는 그랬을 거예요
침몰하는 당신의 심연을 읽지 못하고

-중략-

어쩌면 당신에게 불어닥칠 수도
비껴갈 수도 있단 걸
말해주고 싶어요

- 「티라미수를 먹는 시간」 부분

화사함의 대명사 같은 햇빛이 슬퍼 보인다고 한다. 무슨 일이 있었나 보다. 그것은 불통에서 오는 외로움이 아닐까. 시인은 사람들과의 소통이나 아이들을 가르치면서 시상을 떠올린다. 이런 시편들은 한 편의 이야기를 읽듯 흥미롭고 재미있다. 「티라미수를 먹는 시간」에서도 "내 앞의 M은 출고될 새 차와 미래의 전원주택과 장식에 대해／ 이야기하지만, 나는 남편의 수

술과 퇴원의 후일담을 이야기"하고 있다. 서로 엇갈린 생활과 엇갈린 관심사에서, 공감대를 형성하지 못해 힘들어하는 소통의 단절이 보인다. 이는 시인이 따뜻한 소통을 갈망하고 있다는 반증이다. 다른 관심사에서 오는 괴리감을 해소하고, 소통으로 가기 위해 불통을 점검하고 정비한다.

「그해 가을 우리의 체감 온도」라는 시에서 시인의 혜안을 어느 정도 엿볼 수 있는데, "빈곤하다고 체감하는 우리의 온도를 조절하고/ 더 내려가야만 살 수 있다는 진실을 발견"하는 일이 무엇보다 중요한 일이라고 말한다. 이렇듯 시의 곳곳에서 소통이라는 지향점에 대한 문제 인식과 그 해답이 발견된다.

시인의 어두운 내면은 늘 햇살 쪽을 갈망하는데. "햇살을 파는 곳은 어디에도 없"는 문장에서 시인의 심정을 엿볼 수 있다. "자르고 꿰매고 누비면 당신이 될 수 있을까/ 당신 얼굴에 빛나던 햇살 한 움큼만/ 훔쳐 오고 싶던, 그때의 나를 토닥거려" 본다는 것이다. 당신의 얼굴에 따뜻한 햇살 한 움큼만 훔쳐 오고 싶을 만큼 시인은 지금 그림자 속에 자신을 가두고 있다. 신승야 시인은 이런 햇살에 대한 갈망을 통해 감정을 치유한다. 시를 통하여 내면의 상처를 회복할 기회를 갖는다. 시 치유의 본

보기다.

　우리는 어떤 사물을 보거나 만지거나 대화하면서 얻게 되는 철학적인 부분을 시로 드러내곤 한다. 이는 시인의 가치관과 내면세계가 자연스럽게 그 시적 대상들에 투영되게 마련인데, 신승야 시인의 시적 대상을 바라보는 시각에도 이런 부분들이 잘 반영되어 있다. 시인의 대화는 「스틸 라이프*」라는 시에서도 보이는데, 사람, 바다 식물, 지하 세계를 지나 이제는 돌아가신 고인들과도 소통을 시도한다. 시적 대상을 주검을 초월하여 광범위하게 이승과 저승을 넘나드는 장면을 발견할 수 있는데, "일인용 식탁에서 그들이 남기고 간 LP판 음악을 들으며/ 고인들과 대화를" 나눈다고 고백한다. 그리고 "그가 존중했던 수많은 망자들이 그의 장례식장에 찾아" 왔다고 발화한다. 시에서 타자와의 소통은 이 세계에서, 저 세계로 시적 대상을 가리지 않고 폭넓은 시야각을 유지하고 있다.

　-중략-

　작은 노트북을 펼쳐 블로그를 검색합니다
　시인이 되었다고 생활이 사라지는 것은 아닙니다

더 정교하게 일상의 단면을 회 쳐야

한 편의 시가 나올까 말까 합니다

창밖 초록 이파리들이 비바람에 흔들립니다

마을버스들이 종점에 도착합니다

이제부터는 인맥이라는 블로그 댓글이 머리에서 맴돕니다

불모지로 던져진 느낌입니다

희소가치가 사라진 시인은 어떤 존재일까요

주인이 맛보라고 갖다준 크루아상 속살이

켜켜이 잎맥처럼 들어차 있습니다

속살을 뜯으며 나도 연결되고 싶다고 생각합니다

뜬금없이 나도 누구의 잎맥이 되고 싶다고 바라봅니다

— 「잎맥」 부분

    신승야 시인은 「잎맥」이라는 시에서 "시인이 되었다고 생활이 사라지는 것은" 아니라고 한다. 오히려 시인이 되었기 때문에 더 섬세하고 "정교하게 일상의 단면을 회 쳐야" 한 편의 시가 나온다고 말한다. 시인은 군더더기를 얼마나 쳐내야 하고, 불모지에서 꽃을 피우는 심정으로 시를 써야 한다고 한다. 시인은 "잎맥"에서 인맥을 본다.

소통은 인간이 지닌 가장 근원적인 욕망이라고 할 수 있다. 시인은 「잎맥」에서 여러 사유들을 끄집어낸다. '잎맥'에서 일상을 쳐내야 하는 '단면'을 발견하고, 그 단면의 '잎맥'은 '크루아상'을 보면서 더욱 확장된다. 크루아상 속살은 마치 '잎맥'처럼 켜켜이 들어차 있다. 그리고 "나도 연결되고 싶다고" " 누구의 잎맥이 되고 싶다고" 표현한다. 하나의 '잎맥'에서 점층적으로 발화하는 시적 세계관의 확장은 가슴이 서늘할 정도로 예리하고 신선하다.

 시인의 시에 대한 고군분투를 「시가 되지 못한 시」에서도 찾아볼 수 있는데, 시는 움트다 말기도 하고 흐지부지 끝나기도 하며 세밀하게 그려내지 못하기도 한다. 이렇게 실패한 시들을 나열하다 보면 시인의 내면에서 "그림자만 가득한 시"가 치열한 싸움을 한다. 또한 「착각에 대하여」에서는 "죽을 듯이 목청 높여/ 매 라운드에서 간신히 살아남은 저 무명 가수가/ 나처럼 느껴질 때가" 있다고 토로하기도 하는데 무명 가수의 노래가, 시인 자신으로 감정이입 한 모습이 시로 잘 승화되고 있다.

　칠 년 만에 마주쳤는데도 그녀는 앉자마자
　자기 날개를 활짝 폈습니다

〈

묻지 않았는데도 불편한 부부 문제를
체에 거르지 않고 쏟아냈습니다

전에도 어렴풋이 알고 있었지만
세월이 지나도 교차점을 찾지 못한
그녀의 답답한 속내를 아는지

제비나비 한 마리가 그녀 주위를 맴돌다
그녀 어깨 위에 살포시 내려앉습니다

사실 이런 본질적인 대화들이 그리웠습니다
행복을 위장한 날갯짓에 염증이 났습니다

저는 그냥 들어 주었습니다
긍정도 부정도 하지 않았습니다
듣는 것밖에 달리해 줄 것이 없었습니다

-중략-

〈

결혼은 어쩌면 서로를 견디는

긴 여행이라는 글귀가 떠올랐습니다

─「제비나비도 경청하는 시간」 부분

  신승야 시인은 잘 경청할 수 있는 큰 귀를 가지고 있다. 소통에서 경청이 얼마나 중요한 부분인지를 이 시는 잘 보여준다. 「제비나비도 경청하는 시간」에서 볼 수 있듯이 시인은 "묻지 않았는데도 불편한 부부 문제를/ 체에 거르지 않고 쏟아"내는 하소연을 들어주고 있다. 부부 문제라면 얼마나 많은 사연이 그 속에 들어 있을까. 시인은 그 불편한 이야기들을 오히려 "이런 본질적인 대화들이 그리웠"다고 한다. 시인은 살아 있는 상처를 직접 대면하는 진짜 대화, 즉 소통을 소망한 것이다. 진실한 대화가 주는 흡족함이 이 시의 행간에 잘 묻어 있다.

바람 부는 오월의 왕송 호수

붓꽃의 잎들이 우르르 밀려갔다 다시

제자리로 돌아온다

휘청거리는 나도 중심을 잡고 다시 걷는다

중심을 잡는다는 것은 무엇인가

〈
오래전의 지인과 길고 긴 안부 전화를 한 후,
송두리째 신상이 털린 것 같은 이 산란한 기분

−중략−

그것은 오히려 초록에 대해
무례함에 가깝다는 것

호수를 둘러싼 여린 나무 사이를 거닐며
나는 자꾸 비틀거린다

− 「초록에 대한 예의」 부분

  인연 중에는 좋은 인연, 나쁜 인연이 있다. 그리하여 「초록에 대한 예의」에서 휘청거리는 자신에게 이렇게 되묻기도 한다. "중심을 잡는다는 것은 무엇인가". 이런 혼란을, 시인은 오래전 지인과의 안부 전화에서 "송두리째 신상이 털린 것 같은" 기분을 느끼기도 한 것이다. 시인은 소통에서 중심이 바로잡히지 못한 다소 불균형적인 대화에서 오는 불편함을 토로하고 있다. 송두리째 털린 것 같은 기분은 대화의 저울에서 눈금이 너무 한쪽으로 기울었다는 뜻이리라. 균형을 잡고 중심을 잡는 대화가 무엇보다 중요하다는 것을 시인은 말하고 싶은 것이다. 그리하여 시집의 제목이기도 한 「늦가을, 모르는 사람」이라는 시에서 시인은 끊어진 인연에 단호하게 대처해야 하는 아픔을 드러내기도 한다. "끊어진 인연들을 밟으며/ 돌아보지 않는 연습을" 시인은 하고 있다고 고백한다.

    어느 책에서 한번 결정한 것은 뒤돌아보지 말고
    즉각 실천에 옮기라는 문구를 읽었다

    일 년 넘게 유지해 온 독서 모임 마지막 날,
    겨울비가 내렸다

    버스를 타고 창가 자리에 앉는다
    마음도 춥고 몸도 춥다
    비까지 내리니 더 어수선하다
    그래서 버스에 우산을 두고 내렸다

    -중략-
    〈

리더로서의 내 마지막 인사는 간략했다

다음 날 아침, 밤새 흰 눈이 내려
어제의 허전했던 마음 자락이 설산의 풍경에 푹 빠져 버렸다

두고 내린 우산을 안타까워하지 말자
만남과 헤어짐의 문턱을 나뭇가지에 눈 녹는 소리처럼
들릴 듯 말 듯 넘어 보자

―「눈 녹는 소리」 부분

 책에 관한 시편들이 눈에 띄는데, 이 「눈 녹는 소리」도 그런 시들 중의 하나다. 일 년 넘게 유지해 온 독서 모임의 마지막 날에, 느낀 시인의 아쉬움이 시 전체에서 여실하게 드러난다. 독서 모임이 8개월을 지나면서 회원들이 많이 빠져나가고 드디어 마지막 수업 시간이 다가왔다. 시인의 리더로서의 인사는 간략했다. 하지만 이 시에서 시인은 희망을 이야기한다. 마지막 수업이 있었던 "다음 날 아침, 밤새 흰 눈이 내려/ 어제의 허전했던 마음 자락이 설산의 풍경에 푹 빠져"버린 것이다. 시인의 마음 안쪽에 하얀 설산이 가득 들어찼으니 이만큼 충만한 회복이 어디 있으랴. 만남과 헤어짐의 그 인연을 "나뭇가지에 눈 녹는 소리

처럼" 잘 넘어가고 있다. 시인의 그런 마음은 「불량 학생 스케치」에서도 드러나는데, "종이 한 장에 겹겹의 인생이/ 그래프로 납작하게 눌러질 수 있다는 건가"라고 반문한다. 시인의 눈은 인생도, 문학도, 사람도 실타래처럼 아주 섬세하게 바라봐 주길 바란다. 문학은 바로 그 섬세함에서 태어나는 것이 아닐까.

벨이 울린다
잠깐만요,
뛰어가는 여자를 붙잡아야 한다

박스에는 꽃무늬 포대기에 싸여 잠든 아기
편지와 함께 우리에게 온 아기
어떤 생명나무가 우리에게 왔을까

-중략-

하지만, 산모님
출생신고를 하지 않으면 입양될 수 없어요
저랑 얘기 좀 해요, 도망가지 마세요
〈

딩동딩동

베이비 박스는 쉴 틈이 없다

짐짝처럼 던져지는 생명들이

목청 높여 울부짖고,

운 좋게 입양 갔다가

학대에 숨이 멎은 아이의 영혼이

세상의 잔혹함 속에 대기를 떠돌고 있다

― 「사라지는 여자들과 벨 소리」 부분

시인의 따뜻한 시선은 「사라지는 여자들과 벨 소리」에서 돋보인다. 미혼모들이 출생신고도 하지 않은 아이들을 몰래 베이비 박스에 담겨 센터에 두고 가는 모양이다. 그런 산모들도 이별의 아픔은 있는데 "제발 원장님 선처로 사랑받을 가정에/ 입양 보내주세요"라고 생물학적 모성으로 호소한다. 아기를 버리는 미성년 산모의 손 편지를 받아보지만, 현실은 출생신고를 하지 않으면 입양이 되지 않는다. 안타까운 사회적 현실을 적나라하게 기록한 시를 읽으면, 시인의 사람에 대한 사랑과 소통에의 갈망은 장벽이 없다는 것을 알게 된다.

「무늬 없는 하루」라는 시에서 시인은 "끝없이 많은 사람을 만났지만/ 어떤 사람과도 눈을 마주치지 못했"고 고백한다. 이는 시인의 조심스럽고 배려심 깊은 시인의 내면이기도 하고, 소통이 그만큼 힘들게 살았다는 반증이기도 하다. 쉽게 문 열지 않는 현대인들의 관계 단절을 엿볼 수 있는 대목이다. 그런데도 시인은 끊임없이 소통을 갈망하고, 사람의 마음에 온기를 불어넣기 위해 애쓰고 있다.

신승야 시인은 탐독하는 책을 통해 세상을 읽는다. 책을 매개로 세상을 만나고 아이들을 만나며 같은 성품을 가진 나이가 비슷한 사람들을 만난다. 어쩌면 책은 시인의 눈이고 귀일 것이다. 이 시집을 통해 시인은 따듯한 세상을 꿈꾸고 있다. 독자들 또한 자신의 아픈 하루하루를 치유할 수 있을 것이다. 그것을 기대할 수 있는 뭉클한 시집이다.